Blick zurück... 2021

Jeden Monat des Jahres konnten die Mitglieder des intern. Literatur und Künstlerforums Garten der Poesie, die eingereichten Werke öffentlich bewerten. Die höchst bewerteten Beiträge wurden in diesem Jahrbuch zusammengefasst.

Ich danke allen Beteiligten für ihren Einsatz im Interesse einer stetig wachsenden Forum Gemeinschaft.

Januar 2022

Bernd Rosarius
(Administrator)

Garten der Poesie

Blick zurück... 2021

Lyrische Blüten verwelken nie!

Bibliografische Information der Deutschen Nationalbibliothek:
Die Deutsche Nationalbibliothek verzeichnet diese Publikation in der Deutschen Nationalbibliografie; detaillierte bibliografische Daten sind im Internet über http://dnb.dnb.de abrufbar.

Bilder/Fotos/Texte: Garten der Poesie **(Namen der Autoren, auf der Cover-Rückseite)**
Coverbild: **Anneliese Leding**

Herstellung und Verlag: BoD – Books on Demand, Norderstedt

ISBN: 978-3-7557-8517-0

Inhalt:

Inhalt:

Inhalt:

Januar:

Mysterium Fantasticum

Feuerimpression

© Anneliese Leding

Fantasie

© Sabine Brauer

Silberne Nächte

In silbernen Nächten erwacht das Erstaunen,
dann tanzen die Elfen und lachen die Faunen,
am Waldesrand
steht ganz gebannt,
ein Einhorn und lauscht diesem mysthischen
Raunen.

Februar:

Eiskälte

Eisangeln

´nen Karpfen will der Heini essen
vom Teich gleich vor dem Haus.
Drum mummelt er sich dick jetzt ein
und holt die Angel raus.

Nun sitzt der Kerl seit Stunden schon
vor einem Loch im Eis.
Die Kälte hat ihn stumm gemacht,
der Bart wird langsam weiß.

Doch´s Fischlein schwimmt im Teich ganz tief
und lässt sich gar nicht locken.
Es stört sich um den Angler nicht
und lässt ihn weiter hocken.

© Foto und Text Sabine Brauer

Lord Winter

Wenn das Eis in der Sonne glitzert
und der Frost in den Zweigen knistert,
wenn dein Atem zu Wolken sich bauscht,
regiert Lord Winter mit eisiger Faust.

© H. ten Eikelder

Blinkblink

© Sabine Brauer

Schneegestöber

© Sabine Brauer

März:

Frühlingserwachen

Frühlingserwachen

Der Frühling weckt die Lebensgeister
überall in der Natur.
O, wie herrlich ist es draußen,
hier ist Lebensfreude pur.

Junge Blätter an den Bäumen
tragen stolz ein helles Grün.
Und überall an Wegesrändern,
Wiesenblümlein nun erblüh´n.

In meinem Innern ist ein Jubeln,
ob der schönen Farbenpracht.
Und ich danke meinem Schöpfer,
der die Welt mir bunt gemacht.

Bild und Text © Sabine Brauer

Frühlingserwachen

Morgentau glänzt in den Auen,
der Sonnenschein bricht sich darin,
die Schneereste sind am Tauen,
sie fließen als Rinnsal dahin.

Erstes Grün lugt aus den Feldern,
vertreibt der Erde Trauerkleid,
Vögel singen in den Wäldern,
verkünden so die Frühlingszeit.

Die Welt erwacht aus ihrem Schlaf,
und neue Lebenslust gedeiht,
der Winter macht sich rar, ganz brav,
denn jetzt beginnt die warme Zeit.

Hell erstrahlen Menschenaugen,
aus denen Frühjahrssehnsucht ruft,
sie wollen das Glück aufsaugen,
und auch - der Liebe zarten Duft.

© Horst Rehmann

Frühlings im Herzen

Mir ist heute so nach hopsala,
ich möcht fröhlich hüpfen, springen,
und mit munterem tralala,
heitere kleine Liedchen Singen.

Schau doch nur, die hübschen Blümlein,
wie sie überall schon sprießen,
komm, wir wollen frohen Mutes,
diesen schönen Tag genießen.

Lass uns heut das Leben feiern,
den Frühling und den Sonnenschein,
mit unbändig frohem Jubel
lad ich dich dazu herzlich ein.

© Sabine Müller

Schmetterlings Traum

Träum mein kleiner Schmetterling,
mein geliebtes Flatterwesen,
träum von einem schönen Land,
wo du noch nie gewesen.

Dort ist die Luft so mild und klar,
kannst reinen Blütennektar trinken,
das Leben dort ist wunderbar,
ein Schlaraffenland wird dir dort winken.

Erträum dir dieses Wunderland,
mit all den schönen Sachen,
mit Blumenfeldern, groß und rein,
die dir nur Freude machen.

© Günter Weschke

Zum Niederknien

Sah aus als knie ich vor ihr nieder,
wie peinlich dieser falsche Schluss,
ich band nur meine Schuhe wieder
auch, wenn ich sie bewundern muss.

Sah ihr ins Antlitz und frohlockte,
konnt' ihrem Reiz nicht mehr entflieh'n
wenn ich nicht bereits vor ihr hockte,
würd' ich wohl vor ihr niederknien.

© Heinz Geigelath

April:

Nicht nur Wetterkapriolen

Dicke Luft bei Mümmelmanns

Im Osterhaseneigenheim
könnte die Stimmung besser sein.
Der Schnuffel hat ´nen Hexenschuss,
da ständig er nur malen muss.

Die Eier soll er schön verzieren
und die Frau Häsin nicht blamieren.
Weil auch die Hand zu schaffen macht,
tropft Farbe auf die bunte Pracht.

Gerade will er sich verstecken
und seine müden Glieder strecken,
da gellt es aus dem Hasenhaus:
„Mein lieber Freund, da wird nichts draus!

Ich habe noch so viel zu tun
und der Gemahl, er möchte ruh´n?
Herrjemine, du meine Güte,
das kommt mir gar nicht in die Tüte!"

So grollt und grummelt´s ringsumher
und der Schnuffel grämt sich sehr.
Nur der kleine Mümmelmann
schaut sich verzückt die Eier an.

© Sabine Brauer

Staub

Am Morgen lag der Staub auf dem Balkon,
auf Fenstern, Stühlen und dem kleinen Tisch.
Ich sah es gleich, beim Fensteröffnen schon
und dachte mir, ich geh hinaus und wisch

ihn fort. Doch war es Sand, wie Seide fein,
vom Wind verweht, dass er mich wiederfände.
So malte ich ein Schnörkelherz hinein
und wusste, meine Sahara verstände,

wenn nur ein Körnchen flög zu ihr zurück,
ein Körnchen nur vom großen Augenblick.

© Monika Schnitzler

Verhaspelt

Wenn Synapsen
kichernd japsen
hinter der Stirn
im Gehirn
dann geht´s im Mund
mal wieder rund,
man glaubt es kaum,
die Zunge schlägt ´nen Purzelbaum.

© Sabine Müller

Mai:

Es grünt so grün

Amors Liebe

Frohsinn, Freude, Frühlingstriebe,
Amor ist jetzt heiß auf Liebe,
und so schießt er im Akkord,
präzise seine Pfeile fort.

Von früh bis spät ist er auf Tour,
immer im Dienste von l´Amour,
damit Liebe bei jedermann,
in Leidenschaft aufflammen kann.

Doch seine Frau, die Amorine,
zieht derweil ´ne saure Miene,
des Göttergattens Arbeitswut,
tut ihnen Beiden gar nicht gut.

So ist sie mit dem eignen Bogen,
dem Gatten hinterher geflogen,
doch musste sie mitten im Schießen,
aus heiterem Himmel herzhaft niesen.

Da ging dann wahrlich kurios,
ihr Liebesschuss nach hinten los,
statt seinem Herz, da traf ihr Pfeil,
gar schmerzhaft Amors Hinterteil.

Der Göttergatte, arg verletzt,
ist nun außer Gefecht gesetzt,
so kann er partout nicht fliegen,
und ist erstmal krankgeschrieben.

Doch Dank Amorines Pflege,
ist er bald schon wieder rege,
geläutert hat er ihr versprochen,
nur noch in Teilzeit zu malochen.

So hat er Zeit mit seiner Schönen,
der eig'nen Leidenschaft zu frönen,
er liebt mit jedem seiner Sinne,
unsterblich seine Amorine.

© Sabine Müller

Ein Maientag
-Pantum-

Ein Maientag, so wie gemalt,
Herr Lenz will heut spazieren geh´n,
der Himmel blau, die Sonne strahlt,
alles grünt und blüht so schön.

Herr Lenz will heut spazieren geh´n,
froh schlendert er durch die Natur
alles grünt und blüht so schön,
traumhaft ist es in Wald und Flur.

Froh schlendert er durch die Natur
mit Veilchenduft und blauem Band
traumhaft ist es in Wald und Flur,
Herr Lenz zeigt sich heut sehr galant.

Mit Veilchenduft und blauem Band
der Himmel blau, die Sonne strahlt,
Herr Lenz zeigt sich heut sehr galant,
ein Maientag, so wie gemalt.

© Sabine Müller

Das Mai-Herz

Wir haben Mai, den Monat, der voller Blüten hängt, gelbe, rote, weiße – doch dieses ist eine rosafarbene Geschichte.

Der Brauch vom Oberbergischen bis in die Eifel veranlasst alljährlich erneut zahllose junge Männer, ihrer Angebeteten einen Maibaum zu stellen oder ihr ein Mai-Herz ans Fenster zu hängen. Tagelang vorher wird bereits diskutiert, wie man solch ein Teil an die bewusste Stelle und die Leiter zum bewussten Haus manövriert. So kommt es, dass man am 30. April im Rheinland reihenweise Väter in edlen Limousinen, aus deren Fenstern ellenlange Maibäume ragen und auf deren teure Roadster-Ski-Halter banale Alu-Leitern geschnallt sind, im Schleichtempo über die Straßen kriechen sieht. Ein bemerkenswertes Bild!

Diese Edelkarossen stehen dann derart entfremdet manchmal stundenlang vor irgendwelchen Häusern, denn die Maibäume- und Herzen dürfen erst angebracht werden, wenn die Verehrte nicht zu Hause ist. Und das kann dauern. Die muss sich nämlich erst noch für den Tanz in den Mai fertig machen und weil Mutter auch dahin will, vorher noch mit dem Hund gehen. Manche Jugendliche haben aber keinen Vater mit Großraumkutsche und müssen notgedrungen die Sache selbst in die Hand nehmen –

Kumpels stehen da gern hilfreich zur Seite und vorher trinkt man sich noch mit ein paar Bierchen den Mut an, an vier Meter hohen Regenfallrohren empor zu klimmen, um das edle Mai-Herz zu befestigen.

Als Marlenes Mann und sie selbst um zwei Uhr nachts vom Maiball nach Hause kamen, stand ihr Haus noch nackt und bloß – öder, roter Klinker mit zinkener Regenrinne. Marlene dachte an ihre Tochter, die schon zu Hause war und ihre gute Laune schwand. Der Hund wankte ihnen schlaftrunken entgegen. Zwei Uhr nachts ist nicht seine Zeit. Er wedelte schlapp mit der Schwanzspitze, doch dann sollte Leben in ihn fahren! Mit röhrenden Motoren und brüllend lautem Rock-Gedudel bogen zwei Wagen in die Straße ein und hielten mit quietschenden Reifen vor ihrem Haus. Türen schlugen, Jungenstimmen hallten - Diskutieren, Schleifgeräusche, Knistern waren zu hören. Der Hund sprang zur Tür, knurrte, bellte, wachte - zwecklos! Scharren, Lachen mischten sich mit handwerklichem Knarren und Marlenes Mann meinte: „Ich geh mal raus, bevor die uns die ganze Dachrinne abreißen." Er kam lange nicht wieder. Der Hund winselte nun und prustete, die Nase an die Ritze der Eingangstür gepresst. Draußen wurde geflüstert. Klatschen wie Beifall - was taten die da? Als er wieder im Flur stand, sah er zufrieden aus. „Alles klar", lächelte er. Die Rock-Musik war leiser geworden und Marlene linste durch die Wohnzimmer-Rollade. Zwei junge Männer saßen auf Klappstühlen vorm Haus und starrten auf Selbiges, circa zwanzig Bierflaschen um sich verteilt.

Töchterchen (immerhin bald zwanzig) hüpfte wie ein Dilldöppchen treppauf, treppab und girrte unverständliche Töne, mal klirrend, mal glucksend und sprach dann eine furchtbare Vermutung aus: „Die bleiben jetzt da sitzen! Sie bewachen das Mai-Herz und morgen früh um acht muss ich ihnen Frühstück machen." Es war drei Uhr nachts, Marlene hatte sechs Stunden getanzt, also würden ihr noch fünf Stunden Schlaf bleiben, bis zwei unausgeschlafene, verschwitzte und reichlich angedödelte Jungs in ihre Küche trampeln würden. Also dann: Ab ins Bett und die Augen zu! Sie kuschelte sich an die breite Brust ihres Mannes, da röhrte ein weiterer Wagen um die Ecke, diesmal mit spanischem Soul bestückt.-Oh, Gott, die Nachbarstochter kriegte auch ein Mai-Herz! Bisher hatte sie immer einen „Schandbaum" bekommen, den ihr Vater dann morgens Klopapier behangen in den Blumenkübel gestellt hatte. Nicht ohne Stolz - sie kannten wohl den Brauch nicht. „Eye, Alter - hier kommt die Leiter!". Der Hund raste aus dem Körbchen und tat mit angenervtem Gebell seinen Unmut über die Kratzgeräusche einer Leiter auf dem Asphalt kund. Er hätte gern geschlafen! „Wurde auch Zeit! Stefan hat mir, als er auf meinen Schultern stand, den Nerv eingeklemmt. Das tut vielleicht weh! Kannse ma massieren?". „Eye, geht's noch, du Weichei?" Die Dachrinne knirschte. Klopfgeräusche hallten durch die stille Nacht. Gerade war der Dachdecker da gewesen. Eintausendvierhundert Euro Sturmschaden. Marlene rollte sich auf die andere Seite - also nicht die Nachbarstochter. Das Mai-Herz war dran - irgendwann. Marlene linste auf die Uhr, sie zeigte drei Uhr fünfzig. Die Leiter wurde in Richtung spanischen Soul gezerrt. Die Nachbarn gegenüber zogen die Rollläden hoch. Leiter ins Auto-Türenklappen-Röhren-Vollgas-Stille- haaaach! Marlene kuschelte sich an die breite Brust ihres Mannes und auch der Hund kam zur Ruhe. Sie sank in einen wohligen Schlummer und träumte von spanischem Soul. Der Hund auch! Er bellte, ziemlich heiser schon, aber doch laut und vernehmlich. Glucksendes Lachen kullerte aus dem Zimmer ihrer Tochter von oben: „Mama, guck mal!". Der Wecker leuchtete ihr vier Uhr zwanzig entgegen. Sie stapfte hoch und lugte durchs Fenster. Der spanische Soul war wieder da, diesmal mit Campingliege und weiteren zwei Kisten Bier… Na dann – gute Nacht!

Oben um die Ecke bog eine einsame Gestalt, ein riesiges Mai-Herz vor sich hertragend. Marlene kannte ihn: Es war Micha, ein ebenso langjähriger wie erfolgloser Umwerber ihrer Tochter. „Eye, Alter, guck mal, was für'n Schwachkopf. Der hat nicht mal ne Karre! – Wo willst du denn hin?". Micha schlurfte heran. Er war nicht so der große Redner, schon alleine wegen seines sächsischen Dialekts. Die Gruppe kannte ihn nicht, doch die Stimmung war gut und schnell nahmen sie Micha in ihrem Kreis auf. Micha, eher der akademisch handwerklich unpraktische Typ, hatte sein Mai-Herz rasch und lautlos platziert: Er hatte es an den Briefkasten gehängt. Da er, wie Marlene später erfuhr, vom nächsten Dorf zwei Stunden gelaufen war, blieb er. Die Disney-Uhr aus längst vergangenen Zeiten blinkte ihr vom Schreibtisch der Tochter fünf Uhr zwanzig entgegen. Hundemüde schlurfte Marlene zurück ins Bett. Ihr Mann schnarchte schon. Sie steckte sich zwei Ohropax in die Ohren und schlief sofort ein. Als sie um halb neun wach wurde, weil ihre Küche vom tiefkehligen Lachen junger Männer erbebte, schwirrte ihre Tochter wie eine Elfe durch den Raum und ihr Mann schlürfte seinen ersten Kaffee. Im Schlafanzug, was keinen störte, ging sie das Werk der Nacht begutachten. Am linken oberen Fenster prangte ein Meter breites, rosafarbenes Mai-Herz, das in ein weiteres rotes Herz eingebettet war. Das weiße „A" war mit zahlreichen Perlchen beklebt. Am Briefkasten hing das zarte Gegenstück, ein wenig kleiner in pink, mit dem Namenszug „Ale-

xandra" - dem Namen der Tochter. Am Fall-
rohr aber thronte ein 3,40 m hoher Mai-Baum,
mit bunten, farbigen Bändern umschlungen, die
im Morgenwind flatterten - ein Traum! Marlene
ging zurück in die Küche und fragte: „Wer von
Euch hat denn den riesigen Mai-Baum aufge-
stellt?". Ihr Mann lächelte: „Ich!".
Vier Jungs grinsten von einem Ohr zum ande-
ren, kauten ihre Rosinensemmel und der Hund
wedelte treuherzig.

© Monika Schnitzler

Die Amsel

Am frühen Morgen pickte die kleine Amsel in meinem frisch angesätem Rasen herum. Ich wollte sie schon verjagen aber dann sah ich, das sie sich ja nur die kleinen Würmchen schmecken ließ und nicht die feinen Samen. Sie tappelte da völlig angstfrei dicht an meinem Gartenstuhl, auf dem ich meinen Kaffee trank, vorbei und zog einen Wurm nach dem anderen zwischen dem kurzgeschnittenen und dem frisch angesätem Rasen heraus.
Bis meine Freundin gähnend aus der Laube trat und den schwarzen Vogel fast überrannte.
„Hast du mir auch einen Kaffee gemacht?", fragte sie und ließ sich in den zweiten Stuhl fallen, der neben meinem unter dem Pavillon stand. Sie zündete sich eine Zigarette an und wartete darauf, dass ich zum Wasserkessel gehen würde. Eine Woche lang wollten wir hier im Garten unseren Kurzurlaub verbringen. Ich hatte mir die Zeit hier zwischen den Kirschbäumen, dem Geruch von frisch geschnittenem Gras und der zweisamen Stille so schön vorgestellt. Mein Mädel hat da aber anscheinend ganz andere Vorstellung von Urlaub. Sie braucht es wohl lauter, aufregender und 'weniger eng'.
„Hier trink erst mal meinen, der ist noch schön heiß", sagte ich und tat ihr den Gefallen Kaffee nach zu brühen. Schließlich hatte ich immer noch ein wenig Hoffnung auf einen glücklichen

Tag mit viel Zärtlichkeiten. Beim Kaffeetrinken erzählte ich ihr von meinen Plänen für uns Beide. Wie ich zuerst Garten und Laube auf Vordermann bringen würde und später Mal ein Haus für unsere künftige Familie bauen wollte. „Mach mal", sagte sie, drückte ihre Zigarette in den Kaffeesatz und ging hinein. Ich konnte die Reaktion schlecht deuten. Schließlich liebten wir uns doch, da waren doch meine Pläne nur logische Schlussfolgerungen. Als ich ihr nachging, war sie dabei sich anzuziehen und ihre Zahnbürste in die Handtasche zu räumen. „Du bist ein lieber Kerl, ehrlich gutmütig, fleißig und … für mich nicht der Richtige". Ich merkte das sie eigentlich „für mich zu langweilig" sagen wollte. Sie küsste mich auf die Wange und ging zum Parkplatz, wo ihr kleines Auto stand. Ich setzte mich wieder auf meinen Gartenstuhl, unterm Pavillon, grübelte vor mir her und schlürfte an der eigentlich leeren Kaffeetasse.

Einsamer als je zuvor fühlte ich mich, bis die Amsel zurückkam und direkt unter meinem Pavillon durch tappelte. „He Vögelchen, schön das du wieder da bist. Willst du mich trösten?" Ich konnte ihr zwar keinen Kaffee anbieten und sie auch nicht hineinbitten, aber sie war in diesem Moment anscheinend das einzige Wesen, das es bei mir aushielt.

© Heinz Geigelath

Juni:

Sommersonnenwende

Schön, dass es dich gibt

Ein bisschen Sonnenschein für dich,
vom blauen Himmel, das wünsch ich
dir für heut und allezeit,
öffnen soll dein Herz sich weit,
damit sich auch das kleinste Glück,
und jeder schöne Augenblick,

für alle Zeit in dir bewahrt
somit wird dir offenbart,
die kleinen Freuden, die bewegen
werden dir gerne gegeben.

Denn das Leben, dass dich liebt,
sagt damit schön, dass es dich gibt.

Erwachen

In den Wiesen ist ein Flüstern,
morgens, wenn der Tag erwacht,
wenn die Sonne, fast schon lüstern
das Dunkel verjagt und lacht.

Ist ihr Sonnenmantel ausgebreitet
und hat den restlich´ Tau geleckt,
hat das Licht, das sie begleitet,
den letzten Käfer aufgeschreckt.

Jetzt beginnt ein emsig´ Treiben,
wie an jedem Morgen wieder,
keiner will am Nachtplatz bleiben ~
und Vögel trällern ihre Lieder.

Der kleine Bach, er murmelt weiter,
treibt es ihn doch Tag und Nacht,
muntere Fische schwimmen heiter,
die er trägt mit viel Bedacht.

Wenn dann die zarten Elfen gleiten
übern süßen Himbeerberg,
sich ihr erstes Mahl bereiten,
dann beginnt des Tages Werk.

© Eleonore Görges

Gedanken zum Sommeranfang

Und wenn ich glaube, der Sinn meines Lebens,
er wär total vergebens,
dann hab ich mit Bedacht,
Die Rechnung ohne Wirt gemacht.

Denn jeden Morgen geht die Sonne auf,
und der Tag nimmt seinen Lauf.
Er bringt uns Ärger, zeichnet Glück.
Und manchmal denkt man weit zurück.

An die Zeit, wie es mal war
in diesem und in jenem Jahr.
Und manchmal ist Erinnerung auch Schmerz.
Sie tut dir weh und bricht dein Herz.

Und doch musst du nach vorne schauen
beim nächsten Morgengrauen.
Der Tag hält viel für dich bereit.
Genieße diese schöne Zeit!

Denn alles ist einmal zu Ende.
Und morgen ist schon wieder Sonnenwende.

© Ingrid Hartung

Juli:

Sommergefühle

In meinem Morgenrosarot

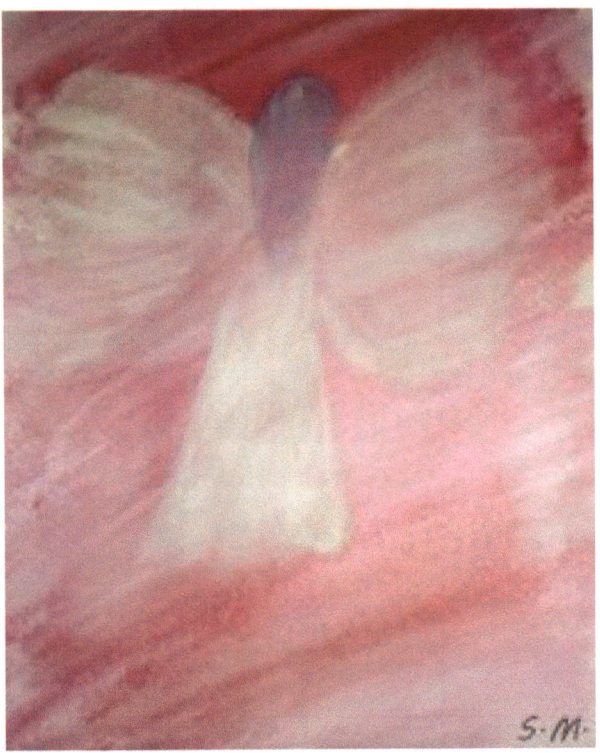

Ein erstes Morgenrosarot,
das sacht ins Zimmer schwebt,
zart, so wie ein Elfentraum,
der Märchenhaftes webt.

Kätzchen ruht in meinem Arm,
ganz eng an mich geschmiegt,
ich schaue dieses Kleinod an,
wie friedlich es da liegt.

Und so harr ich still, ganz still,
bewege mich kein Stück,
weil ich es nicht wecken will,
genieß den Augenblick.

Eine kleine Melodie,
klingt draußen, unterm Dach,
Kätzchen rekelt sich zufrieden,
wird jetzt langsam wach.

Täubleins morgenfrühes Gurren,
stimmt ins Leben ein ,
Kätzchen fängt leis an zu schnurren,
wird gleich munter sein.

In meinem Morgenrosarot
birgt sich Magie, die lebt,
zart, so wie ein Elfentraum,
der Märchenhaftes webt.

Sommergefühle

Im Sommer scheint das größte der Gefühle,
Tapetenwechsel, Reisen weit hinaus,
genießen selig der Exoten Schmaus,
die fernen Länder sind begehrte Ziele.

Die Heimat kann man später noch erkunden,
man wähnt, sie sei ja ohnehin bekannt,
im Alter vielleicht wird sie interessant,
beim Wandern, und von Arbeitszeit entbunden.

Das Alter kommt, man hat nun viel gesehen,
das ferne Land hat seinen Reiz verloren,
nun wird der Charme der Heimat auserkoren,
Idyllen in der Nähe will man sehen.

Verwirklichung ist oftmals nicht in Sicht,
Beschwerden fordern dann ganz andere Ziele.
Im Sommer bleiben so nur die Gefühle,
man kennt die Ferne, doch die Heimat nicht.

© Roland Rothfuß

So ein Lausebengel

Foto © Annchen Peters

Mirko dieser Katzenbube,
darf nicht in unsre gute Stube.
Schau nur, wie der Kleine guckt,
ob er wohl gleich noch Feuer spuckt?

„Schau nicht so dumm!", faucht er mir zu,
„Du bist ´ne alte dumme Kuh!"
Lass´ mich sofort in euer Haus,
sonst kratz´ ich dir die Augen aus."

© Sabine Brauer

August:

Heiße Tage, heiße Nächte

Wie eine südliche Nacht

Sommerglut liegt atemlos über dem Land,
weit ist des Winters kühle Seele verbannt,
noch immer flimmert Hitze auf dem Asphalt,
es schleicht die Zeit sich ein in dunkler Gestalt.

In den Stunden der Nacht atmet schwer diese
Stadt,
noch glühen die Straßen, die Bäume sind matt,
hunderte Fenster stehen seelenweit offen,
weil Kreaturen die Kühle der Nacht sich erhof-
fen.

Aus einem Fenster eine Frauenstimme klingt,
die „Chanson d'Amour" immer wieder singt,
das Lied kriecht behäbig durch alle Straßen,
füllt melodiös die kleinen, engen Gassen.

Ein Hund, dem wohl die Melodie nicht gefällt,
jault laut dazu sein eigen Lied in die Welt,
aus einem Käfig hoch oben vom Balkon,
trällert ein Vogel zu dem Liebeschanson.

Das Wasser im Brunnen, selbst das ist nicht
kühl,
schwere Luft dieser Nacht erdrückend und
schwül,
Schweißperlen stehen auf menschlicher Haut,
die Hitze des Sommers darin aufgestaut.

Ein Pärchen scheint sich soeben zu lieben,
sie vergaßen wohl, das Fenster zuzuschieben,
dazu zirpt von irgendwo eine Grille,
aus ihrer dunklen, warmen Bodenrille.

Längst hat der Mond schon besetzt sein Revier,
klar scheint der Himmel, mit seiner Sternenzier,
dieser Nacht bleiben nur noch wenige Stunden,
dann zieht die Sonne erneut ihre heißen Run-
den.

© Eleonore Görges

Im letzten Abendhimmelblau

Im letzten Abendhimmelblau,
wispert es leis in den Bäumen,
an des Tagesränders Säumen,
spielt ein Fuchskind vor dem Bau.

Hoch oben, von der grünen Tann,
schallt der Ruf von einem Käuzchen,
vorwitzige Mäuseschnäutzchen,
huschen flink der Nacht voran.

In diesem Dämmerzeitenflair,
tapsen munter Nachtgesellen,
gern durch Gärten und Parzellen,
zum Nacktschneckenschmausverzehr.

Flieht letztes Abendhimmelblau,
säuselt Nachtwind durch die Bäume,
in der Obhut seiner Träume,
schläft das Fuchskind längst im Bau.

© Sabine Müller

Im Labyrinth

Im Maisfeld ist ein Labyrinth
gemacht von seinem Bauern Flint,
der muss sich jetzt die Haare raufen,
denn Flint, der hat sich arg verlaufen.
Geht es nach rechts? – Nein, links geht's weiter,
Bauer Flint wird nicht gescheiter,
er kommt hier einfach nicht voran,
zuhause liegt sein schlauer Plan.

Seine Frau, die Josefine,
die hat mit unschuldiger Miene
unterdessen klein zerrissen,
seinen Plan und weg geschmissen.
Sie mag es nicht in ihrem Leben
unnütze Dinge aufzuheben.
Der Tag neigt sich, der Abend dunkelt,
von oben schon ein Sternlein funkelt.

Bauer Flint stampft wie ein Kind,
verworren seine Wege sind.
Im Kopf ist er schon sehr verwirrt,
ganz planlos er im Maisfeld irrt.
Und Josefine, nun allein,
schenkt sich ein Gläschen Rotwein ein.
Auf dem Sofa sehr bequem
macht sie es sich jetzt angenehm.

Doch freudlos ist der Weingenuss,
Gott Amor gibt ihr einen Kuss.

Sie holt die Schnipsel aus der Grube,
setzt sie zusammen in der Stube.
Mit Plan eilt sie dann in das Feld,
die Lampe ihren Weg erhellt.
Sie findet Flint, der ganz zerknittert
in dem Maisfeld bebt und zittert.

Und Josefine sagt spontan:
„Ich brauch dich noch, auch ohne Plan."

© Roland Rothfuß

September:

Sommerrückblick – Ausklang

Der Hollerbusch

Aquarell

Herbst ante portas

Nun geht die dritte Türe auf
im Haus der Jahreszeiten,
das Jahr nimmt weiter seinen Lauf
mit seinen Köstlichkeiten.

Verlassen liegt das zweite Zimmer
mit Hitze, Flut und Kälte,
bevor es wurde gar noch schlimmer
kommt goldner Herbst in Bälde.

Jetzt werden eingefahr'n die Früchte,
der Sommer hat sie gut genährt,
vergessen sind dann die Gerüchte,
der Sommer hätt' sich nicht bewährt.

Mit etwas Wehmut sieht man schwinden
das Ährenfeld, das satte Grün,
September kommt mit kühlen Winden,
doch werden weiter Rosen blühn.

© Roland Rothfuß

Septembergold

Septembergold liegt
auf den Bäumen.
Blau spannt sich
das Himmelszelt.
Geh durch die
stillen Auen.
Wie schön ist
doch die Welt.

Seh über mir
die Vögel kreisen,
die Beeren reif
am Strauch.
Still geht mein
Herz auf Reisen.
Und meine
Seele auch.

© Jutta Gornik

Herbst wird es

Tau auf den Rosen.
In den Zweigen
Silbergespinst.
Blätter fallen.
Herbst wird es
singt der Wind.

Über leere Felder
huscht golden
ein Sonnenstrahl,
leuchtet hinunter
ins dunstige Tal.

Herbst wird es,
singt der Wind.
Von den Rosen
perlt der Tau
wie Tränen.

© Jutta Gornik

Oktober:

Herbst - Symphonie

Hallo Oktober

Alter Freund aus Kinderjahren,
oft hab ich mit dir gespielt.
Hab meist Gutes nur erfahren,
dich umarmt, hab dich gefühlt.

Kastanienmännchen, glänzend schön,
Tiere waren rasch erstellt,
waren lustig an zu seh'n,
das war unsere kleine Welt.

Heute denk ich gern zurück,
warst Freund mir, stets Willkommen.
Im Leben warst du ein Stück Glück,
hab's Blätter Rascheln gern vernommen.

© Günter Weschke

Zum Erntedankfest

© Sabine Brauer

Goldenes Licht

Der Oktober zeigt ein besonderes Licht,
die Sonne, so warm und weich auf der Haut,
erscheint mir samtgolden, wie lange nicht,
ja, der Oktober ist des Sommers Braut.

Das Wirken und Weben, sein emsiges Streben,
sein Eifer zu glänzen, bei Tag und bei Nacht,
der Tanz mit den Elfen, wenn Nebel sich he-
ben,
hat ihn zum -Meister des Jahres- gemacht.

Und erst seine Farben, die er weltweit verteilt,
das Gelb und das Braun, das Gold und das Rot.
Der Mensch ist erfreut und sein Herz ist so
weit.
Er erkennt nicht, die Natur, ist morgen schon
Tot.

© Günter Weschke

Blattgold

Blattgold

Es glänzen in des Herbstes Winde
gold'ne Blätter, hoch im Baum,
so wie ein güldenes Gebinde,
zwischen Erd' und Himmelsraum.

Tanzend schweben sie im Reigen,
der Wind trägt sie behände,
als sie letztmals sich verneigen,
hin zu des Sommers Ende.

Bald hat der Baum sein Gold verloren,
ganz nackt wird er dann stehen,
bis dann ein neues Jahr geboren
und Frühlingswinde wehen.

Eleonore Görges

© Eleonore Görges

Des Herbstes Zauberwald

Wenn das Mondlicht an den Bäumen leckt,
Sterne ihre Wunder zeigen,
die herbstlich´ Nacht den Wald bedeckt,
tanzen Engel Liebesreigen.

Ein Hauch von Frieden legt sich nieder
auf diese angehauchte Pracht,
melodisch schöne Feenlieder
beenden herbstlich kühle Nacht.

Das Morgenrot ist leicht erblasst
hinter einem Nebelschleier,
doch wenn´s die rechte Stund´ erfasst,
wird die Sonne zum Befreier.

Bald schon lässt sie Strahlen tanzen
über buntem Zauberwald,
Farben sich nicht mehr verschanzen,
von hellem Lichte angestrahlt.

Erwacht ist auch die Zauberhand,
tupft neue Farben in die Zeit,
ein schillernd buntes Märchenland
hält dieser Tag für uns bereit.

© Eleonore Görges

Herbst

Natur zeigt nun ihr schönstes Kleid,
wenn der Sommer langsam schwindet,
gemächlicher wird auch die Zeit,
jeder viel mehr Ruhe findet.

Morgennebel steigen aus dem Tal,
länger schläft nun auch die Sonne,
tut sich schwer so manches Mal,
lacht dann aber voller Wonne.

Herrlich bunt färbt sich so mancher Baum,
schöner als man je gedacht,
Farben bunter als ein Traum
strahlen voller Pracht.

Bunt und licht wird auch der Wald,
lädt zum Verweilen ein,
bevor er ach so bald,
sich hüllt in Schlafe ein.

© Eleonore Görges

November:

Es wird kalt, der Winter naht

Schicksal im November

Jaulend heult ein nasskalter Wind durch die kleinen Gassen des Städtchens. Die Straßen sind menschenleer, jeder ist froh, eine warme Stube zu haben, in die er sich zurückziehen kann, einen heißen Kaffee trinken und den am Fenster vorbei fliegenden letzten Blättern mit einem Achselzucken, nachschauen kann. Ja so ist er, der November.

Frau Obermüller, die im Erdgeschoss eines Mehrfamilienhauses wohnt, sitzt am Fenster und schaut dem Treiben ebenfalls zu. Ihr alter Kater hat sich zu ihren Füßen zusammen gerollt und schnurrt behaglich vor sich hin. Der Kaffee, den sie sich gerade aufgebrüht hat, steht vor ihr auf dem kleinen, runden Tisch und verströmt einen angenehmen Duft. Frau Obermüller schließt die Augen und träumt vor sich hin. Sie schreckt hoch, als es plötzlich an ihre Fensterscheibe klopft. Eine Gestalt steht vor dem Fenster und hebt bittend die Hand. Sie erblickt einen Menschen, eine dünne Jacke, abgewetzte Hose und Sandalen an den Füßen, sein mageres Gesicht schaut blicklos zu ihr auf. Etwas hilflos blickt sie auf diese armselige Gestalt, aber dann nickt sie dem Mann zu, macht eine Handbewegung zur Tür, steht auf, geht in den kleinen Flur und öffnet die Wohnungstür.

"Kommen Sie herein!", sagt sie, der Mann betritt die Wohnung und sagt, im gebrochenem Deutsch: "Ick heißen Jussuf, bin Afghanisten!" Sie öffnet die Tür zur Stube, winkt dem Mann zu und sagt: "Hier, nehmen Sie doch bitte Platz!" Der Mann setzt sich scheu und zum ersten Mal geht ein kleines Lächeln über sein Gesicht, als Frau Obermüller ihm eine Tasse Kaffee hinstellt und dazu etwas Gebäck auf einen zweiten Teller legt. Sie nickt ihm aufmunternd zu und er nimmt die Tasse an den Mund und trinkt mit geschlossenen Augen. Mit einem kleinen Seufzer stellt er die Tasse zurück und sagt: "Danke, ick war so kalt!" Frau Obermüller versucht ein kleines Gespräch, bei dem sie erfährt, ja, er kommt aus Afghanistan, ist ein Flüchtling, er ist 38 Jahre alt, und er ist ein Kinderarzt. Vor dem Wohnheim, in dem er untergebracht worden war, ist er gestern überfallen und ausgeraubt worden, man hat alles gestohlen, was für ihn noch von Wert war. Zu Fuß ist er die zwanzig Kilometer gelaufen, bis hier her, zurückgeht er aber nicht mehr. Frau Obermüller ist entsetzt, sie war als Kind, mit ihren Eltern vertrieben worden, ist also selbst auch ein Flüchtling und sie kann sich erinnern, wie furchtbar damals das Leben war.

Entschlossen diesem Mann zu helfen, geht sie ins Schlafzimmer, öffnet einen großen Kleiderschrank und bringt etwas später ein paar Sachen ihres verstorbenen Mannes in die warme Stube, wo der Fremde noch immer sitzt. Mit großen Augen blickt er auf Schuhe, Socken, Hemd und Pullover, warmer Jacke und sogar noch eine Tasche. Sie sagt ihm, dass es alles Sachen von ihrem Mann sind, die er als Geschenk annehmen möchte. Dann erklärt sie ihm aber auch, dass sie mit ihm zur Polizei gehen muss, denn er muss sich wieder dort melden, sie will den Beamten sein Schicksal erklären und ihm auch später helfen.

Menschen wie Frau Obermüller, gibt es viele, nur, sie zu finden ist sehr schwer.

© Günter Weschke

Schnee will ins Land

Vertrocknet raschelt der
Sommer im Rinnstein,
ist brüchig, ist braun.
Darüber steigt des
Nebels Grau.

Die Vögel entflogen.
Winde kommen
gezogen.

Schnee will ins Land.

© Jutta Gornik

Novembertrolle

Dichter Nebel zog sich über den Tag,
ein Herbsttag, wie ihn kaum jemand mag,
doch ich fand ihn mystisch, fantasieanregend,
denn hunderte Trolle zogen durch die Gegend.

Sie huschten eiligst durch die Gassen,
über die Straßen, die feuchten und blassen,
suchten nach verirrten Sonnenstrahlen,
um sie dann schnellstens grau anzumalen.

Doch nun am Abend gaben sie Ruh´,
denn klar ist's geworden, der Mond scheint da-
zu,
wie eine Sichel steht er zwischen den Sternen,
erhellt den Blick bis in die tiefen Fernen.

© Eleonore Görges

Dezember:

Das Jahr neigt sich-
Ausklang

Soll ich da zufrieden sein?

Soll ich da zufrieden sein?
Dein Geschenk ist viel zu klein!
Hurtig, hurtig, tralera-lera,
noch ist Weihnachtstag nicht da,
noch ist Weihnachtstag nicht da!

Ist Dein Portemonnaie parat
für Diamonds über zwei Karat?
Hurtig, hurtig, tralera-lera,
Juweliere sind nicht rar!
Noch ist Weihnachtstag nicht da!

Ausserdem und sowieso
brauche ich ein Cabrio!
Hurtig, hurtig, tralera-lera,
nobel soll es sein fürwahr!
Noch ist Weihnachtstag nicht da!

Du weisst, auch gut für den Kommerz
ist hier für mich ein echter Nerz.
Hurtig, hurtig, tralera-lera,
Noch ist Weihnachtstag nicht da,
Noch ist Weihnachtstag nicht da!

***

Nun ist die Bescherungszeit
was hältst Du für mich bereit?
Spassig, spassig, tralera-lera,
Klunker nur aus Glas, haha!
Klunker nur aus Glas, haha!

Ausserdem und sowieso,
das ist doch kein Cabrio!
Poblig Poblig, tralera-lera,
eins von Matchbox, hahaha!
Eins von Matchbox hahaha!

Oh, ich ahne dieser Nerz
in dem Stall ist auch Dein Scherz!
Füttern soll ich den? Haha!
Unbezahlbar ist fürwahr,
Dein Humor, wie wunderbar!

© Greta Hennen

Weihnachtstrubel im Himmel

Man sollte meinen, im Himmel ist Ruh,
doch geht es dort recht hektisch zu.

Der Erzengel hat sich heimlich mit Petrus getroffen,
das Ergebnis des Gespräches ließen sie offen.

Wie das Wetter zur Weihnacht nun wirklich
wird,
das steht in den Sternen, weil Petrus sich ziert.

Der Nikolaus trinkt einen Punsch nach dem anderen,
seine Rentiere ziellos zwischen den Wolken
wandern.

Freund Herbst haben sie hungrig in die Waden
gebissen,
der ist fluchend geflüchtet, keiner wird ihn vermissen.

Der Sommer sitzt im Schneekasten und baut einen Mann,
der Frühling steht vor dem Spiegel und zieht
sich schon an.

Lord Winter erwacht und quengelt gereizt:
"Frau Holle - die Betten! Es wird langsam Zeit!"

Der Sturmwind kann nicht mehr mit den Wolken spielen,
er muss mit dem Christkind Geschenke abwiegen.

Die Sterne polieren sollte der Frost, doch denkt er nicht dran,
Schnee, Glatteis und Chaos - das sind Sachen, die er kann.

Das Paar Blitz und Donner macht alles zu zweit,
beim Himmelsbaum schmücken gibt es lautstarken Streit.

Der gute Mond schaut dem Treiben mit stiller Freude zu,
oh himmlischer Friede, oh weihnachtlich Ruh!

© H. ten Eikelder

Winterlich

Das Jahr neigt sich dem Ende zu,
auch die Natur genießt nun Ruh,
so mancher See ist zugefroren
und Käfer haben kalte Ohren.

Grashalme tragen weiße Mützen,
spiegeln sich in vereisten Pfützen,
manch abgestorbenes Blatt, das fiel,
ist festgefroren, mit Haut und Stiel.

Spinnweben tragen Eiskristalle,
eine wunderschöne Glitzerfalle,
die Spinne reibt sich die Hände warm,
wartet verzweifelt, mit leerem Darm.

Sogar die Vögel, allemal,
trügen gerne einen warmen Schal
und an den Füßen warme Socken,
wenn sie auf kahlen Ästen hocken.

Die Bäume sind in Schlaf versunken,
mit ihnen ruht der Hoffnungsfunken,
auf wärmere Tage im kommenden Jahr,
so wird's auch sein, weil's immer so war.

© Eleonore Görges

Das Bild des Jahres

Eine neutrale Jury bewertet jeden Monat, fünf ein-
gereichte Bilder/Fotos aus dem Fundus der Mit-
glieder des intern. Literatur u. Künstlerforum Gar-
ten der Poesie www.garten-der-poesie.de
Eines dieser fünf Werke wird zum Bild des Monats
gekürt und der Künstler erhält eine Urkunde. Aus
den Monatswerken können die Mitglieder des Fo-
rums das Werk des Jahres wählen.
Das Bild des Jahres 2021 trägt den Titel:
„DAS BLAUE BOOT" und stammt von
ANNELIESE LEDING

In Memoriam

Am 18.November 2021 verlor der Garten der Poesie ein hochgeschätztes Mitglied. Roland Rothfuß war eine Säule unseres Forums. Er war ein Lyriker, ein Sympathieträger, ein Mensch mit einem hohen Maß an Empathie. Er stand unseren Mitgliedern mit Rat und Tat zur Seite. Mit dieser Gedenkseite möchten wir DANKE sagen, für jahrelange Treue und Seelenverwandtschaft. Roland bleibt unvergessen!

Morgenfrieden

Um mich ist das Umfeld wieder
friedlich ausgebreitet,
die Sonne scheint auf mich hernieder,
dass sich mein Herz gleich weitet.
Die Bäume stehen ehrfurchtsvoll
und zeigen stumm nach oben,
sie mahnen, dass ein jeder soll
seinen Schöpfer loben.

Die Tierwelt schweigt noch in der Runde.
Und spürt auch diesen Frieden,
von Fern kommt leis die Glockenkunde
und schlägt die Stunde Sieben.

© Roland Rothfuß

Das Gedicht des Monats November 2021

Aufgaben und Ziele für das intern. Literatur- und Künstlerforum Garten der Poesie

Liebe Kunstfreunde!

Sie lieben Konzerte, gute Texte, Malerei und Fotografie? Und sind auf der Suche nach Gleichgesinnten? Dann möchten wir Ihnen unseren "Garten der Poesie" vorstellen. Ein Internet-Forum, das Künstler aus acht Ländern vereint. Ein Forum für Menschen, die kreativ sind und ihre Begabung mit anderen teilen wollen.

Die Geschichte

2006 hatte Bernd Rosarius, der Gründer des Literatur- und Kunstforums, eine Idee: Künstlerisch tätige Menschen sollten sich vernetzen können. Wer im stillen Kämmerlein Gedichte schreibt, auf Reisen Fotos von großer emotionaler Tiefe schießt, oder sich - auf welche Art auch immer - die Welt auf kreative Weise erschließt, muss mit Gleichgesinnten in Kontakt treten können.

Und heutzutage?

Mittlerweile präsentieren 50 Mitglieder aus unterschiedlichen Ländern ihre Werke im Internet. Es ist ein lebendiges Forum entstanden, das zu Gespräch und Austausch einlädt. Freude an künstlerischem Ausdruck verbindet alle unsere Mitglieder über Städte- und Ländergrenzen hinweg. Entgegen den Gesetzen von Wettbewerb und Verdrängung in der gegenwärtigen Berufswelt geht es dem "Garten der

Poesie" um Interesse für das, was künstlerische Menschen bewegt. Dabei begegnen wir uns nicht nur im Internet, sondern auch auf Lesungen und bei regelmäßigen Events. "Poesie ist Wahrheit, die in Schönheit wohnt": Dieser Ausspruch des schottischen Dichters Robert Gilfillan ist unser Motto. Fühlen Sie sich angesprochen? Liegen ungelesene Gedichte und fertige Kurzgeschichten in Ihrer Schublade? Schreiben Sie gerade an einem Internet-Roman oder arbeiten an einem Ölgemälde? Es gibt so viele Möglichkeiten, sich künstlerisch auszudrücken. Doch häufig fehlt es an Zeit, andere kreative Menschen zu finden oder auf entsprechende Veranstaltungen zu gehen. Mit dem "Garten der Poesie" haben Sie ein Kunstforum gefunden, das alle Begeisterten gleichermaßen willkommnen heißt und jedem die Möglichkeit gibt, an die Öffentlichkeit zu treten. So können Sie jederzeit Ihr Epos bei uns publizieren und ebenso mit anderen Autoren einen Sammelband verfassen.

Gibt es ein Auswahlverfahren?
Nein! Wir freuen uns über jeden Autor und jede Autorin. Egal, ob Sie schon viele Bücher geschrieben haben oder gerade an Ihrem ersten Gedichtband sitzen. Ebenso zählen wir auch Komponisten und Musiker zu unseren Mitgliedern. Die Mitgliedschaft ist übrigens kostenlos - einfach einloggen und loslegen! Wer sich zunächst unverbindlich ein Bild von unseren Aktivitäten machen möchte, ist als Besucher gleichermaßen willkommen. Auf unse-

rer Webseite mit dem Logo einer aufgeblühten Rose verschaffen Sie sich leicht einen Überblick. Klicken Sie sich durch: Lesen Sie veröffentlichte Kurzgeschichten, lassen Sie sich auf eine anregende Fotoreise mitnehmen oder studieren Sie unseren Veranstaltungskalender.

Sie werden überrascht sein, was wir in zehn Jahren an unterschiedlichen Kunstfeldern erschlossen haben. Denn wir sind sicher: Kunst braucht Vernetzung. Gerade in Zeiten der Globalisierung. Im gemeinsamen Nachdenken und künstlerischen Schaffen, in Diskussion und Reflexion bauen wir an dieser Welt mit. So, wie sich der griechische Philosoph Epikur vor über 2000 Jahren mit seinen Schülern zum philosophischen Diskurs in einem Garten traf, treffen wir uns heutzutage im Internet.

Und ganz aktuell finden Sie uns sogar mit einem eigenen Stand auf der Leipziger Buchmesse 2017! Wir freuen uns jederzeit über Ihr Interesse: ob persönlich oder im Netz!

6,90 €
Paperback
88 Seiten
ISBN-13: 9783743195820

6,90 €
Paperback
84 Seiten
ISBN-13: 9783746069036

7,90 €
Paperback
100 Seiten
ISBN-13: 9783748192336

7,90 €
Paperback
90 Seiten
ISBN-13: 9783750493445

7,90 €
Paperback
90 Seiten
ISBN-13: 9783750493445